BEI GRIN MACHT SICH IHR WISSEN BEZAHLT

- Wir veröffentlichen Ihre Hausarbeit, Bachelor- und Masterarbeit

- Ihr eigenes eBook und Buch - weltweit in allen wichtigen Shops

- Verdienen Sie an jedem Verkauf

Jetzt bei www.GRIN.com hochladen und kostenlos publizieren

Bibliografische Information der Deutschen Nationalbibliothek:

Die Deutsche Bibliothek verzeichnet diese Publikation in der Deutschen National-
bibliografie; detaillierte bibliografische Daten sind im Internet über http://dnb.d-
nb.de/ abrufbar.

Impressum:

Copyright © 2017 GRIN Verlag, Open Publishing GmbH
Druck und Bindung: Books on Demand GmbH, Norderstedt Germany
ISBN: 9783668611740

Dieses Buch bei GRIN:

https://www.grin.com/document/387005

Lisa Kaufmann

Der Umgang mit Magersucht. Ein Überblick über die Entwicklung seit den 90er-Jahren

GRIN Verlag

GRIN - Your knowledge has value

Der GRIN Verlag publiziert seit 1998 wissenschaftliche Arbeiten von Studenten, Hochschullehrern und anderen Akademikern als eBook und gedrucktes Buch. Die Verlagswebsite www.grin.com ist die ideale Plattform zur Veröffentlichung von Hausarbeiten, Abschlussarbeiten, wissenschaftlichen Aufsätzen, Dissertationen und Fachbüchern.

Besuchen Sie uns im Internet:

http://www.grin.com/

http://www.facebook.com/grincom

http://www.twitter.com/grin_com

Der Umgang mit Magersucht seit den 90er Jahren

Vorwissenschaftliche Arbeit

Lisa Isabella Kaufmann

Linz, 21. Februar 2017

Abstract

Diese Arbeit widmet sich dem Umgang mit Magersucht seit den 1990er-Jahren. Vor allem durch soziale Netzwerke oder die Magersucht favorisierenden *Pro-Ana* Webseiten (von *pro*: für und *Anorexia* [*Nervosa*]: Magersucht) wird diese Krankheit für viele junge Menschen oft verharmlost dargestellt, beziehungsweise zum Teil auch propagiert und findet dort überwiegend bei Mädchen Anklang. Viele Eltern sind sich nicht im Klaren, dass ihr Kind ebenfalls schnell von einer Essstörung betroffen sein könnte und Magersucht tatsächlich weit verbreitet ist. Doch nicht nur Jugendliche sind von dieser Krankheit betroffen.

Meine gründliche Recherche in Sachbüchern und autobiografischen Romanen, Gespräche mit Betroffenen sowie diverse Seiten von sozialen Netzwerken zeigten, dass vor allem viele Perfektionisten/-innen in der Magersucht Halt und Sicherheit finden, weil sie ihr Essverhalten dabei kontrollieren können und das Abnehmen somit zu einem stetigen Erfolg wird. Magersucht wird oft unterschätzt und als Mittel zur Erregung von Aufmerksamkeit gesehen, was jedoch nicht zwingend zutreffen muss. Da sich die Zahl der erkrankten Personen seit den letzten 25 Jahren nicht beachtlich geändert hat, wird heutzutage daran gearbeitet, mehr Menschen über diese Krankheit zu informieren um schneller handeln und die Anzahl der Leidtragenden verringern zu können. Bis heute gibt es jedoch immer noch kein universelles Heilmittel gegen diese doch in erster Linie psychische Erkrankung.

Vorwort

Magersucht wird trotz der totalen Auszehrung und Abmagerung des Körpers zu den psychischen Krankheiten gezählt und ist zudem jene mit der höchsten Todesrate. Zwar streben die meisten betroffenen Personen primär nur die Reduzierung des eigenen Körpergewichts an und erleiden in Folge dessen auch körperliche Schäden wie etwa durch akuten Nährstoffmangel, doch die wahre Gefahr dieser Krankheit besteht darin, dass die Patienten/-innen den eigenen Körper völlig kontrollieren möchten und ihr Tagesablauf mit der Zeit größtenteils aus Kalorienzählen und möglichst viel Kalorienverbrennen besteht. Ihre Welt dreht sich prompt nur noch um die Erkrankung, soziale Kontakte werden gescheut oder gar abgebrochen. Den Körper nehmen die Betroffenen durch die für die Krankheit typische Körperschemastörung völlig anders wahr, nämlich als übertrieben dick.

Magersüchtige sind zumeist sehr ehrgeizige und anspruchsvolle Menschen, welche die völlige Beherrschung über sich selbst erlangen möchten, diese jedoch im Krankheitsverlauf an die Magersucht verlieren und den normalen Umgang mit dem Essen verlernen. Selbst wenn sie wollten, könnten sie nicht einfach wieder zu einem normalen Essverhalten zurückkehren. Obwohl wir durch die Medien, speziell durch soziale Netzwerke, nun immer mehr von Magersüchtigen, Bulimikern/-innen und andersartig Essgestörten mitbekommen, sind Essstörungen nicht binnen der letzten Jahrzehnte entstanden.

Zwar werden die Therapiemöglichkeiten durch viele Forschungsfortschritte immer vielfältiger, doch ein Medikament gegen diese Krankheit gibt es nicht. Immer noch sterben 15% der erkrankten Personen oder leiden lebenslang an den anschließenden Folgen, da die Krankheit auch oft Hand in Hand mit schweren Depressionen und Selbstmordgedanken geht.

In dieser Arbeit möchte ich auf den Ernst der Magersucht aufmerksam machen und unterstreichen, wie wichtig es ist, nicht wegzusehen, sondern möglichst bald Hilfe anzubieten, um damit die Heilungschancen zu verbessern.

Mein persönlicher Dank gilt meiner Betreuungslehrerin , die mich immer tatkräftig bei meiner Recherche, aber auch mit aufmunternden Worten unterstützte, meinen Eltern, die jederzeit in allen Lebenslagen an meiner Seite stehen und zuletzt meinen Freunden, auf die ich mich stets verlassen kann.

Lisa Isabella Kaufmann

Inhaltsverzeichnis

1. Einleitung

Obwohl viele den Ursprung der Magersucht in den 1990er-Jahren vermuten würden, existiert diese Krankheit doch schon seit langem. Nicht nur, weil die Printmedien und andere Massenkommunikationsmittel in den letzten zehn Jahren des 20. Jahrhunderts vermehrt über diese Krankheit berichteten, sondern auch, weil dem *erfolgreich Sein* plötzlich beachtlich viele neue Eigenschaften zugeschrieben wurden und viele Modelabels dies ausnutzten und dürre Models engagierten, erlangte diese Krankheit Aufsehen. Viele Erwachsene, aber besonders heranreifende Jugendliche sind zunehmend damit überfordert, all ihre Ziele in der heutigen Zeit gleichzeitig zu verfolgen: Gut in der Schule zu sein, einen möglichst hohen sozialen Status zu erreichen und dabei zusätzlich noch den eigenen Körper zu optimieren. Indessen leiden viele Personen nicht selten an psychischen Erkrankungen, wie etwa Depressionen und Angstzuständen. Es ist der ständige Leistungsdruck in unserer Gesellschaft, der schnell zu einer großen Belastung werden kann. [1]

Durch den Konkurrenzkampf und dem wachsenden Ehrgeiz vieler Menschen ist unsere Psyche und damit auch unser Körper sehr großem Stress ausgesetzt. Das Gefährliche daran ist jedoch, dass folglich psychosomatische Krankheiten nebenher auftreten können. Bei psychosomatischen Erkrankungen, wie bei dem mittlerweile weit verbreiteten *Burnout-Syndrom* (siehe *Begriffserklärung*), handelt es sich zwar um körperliche Beschwerden, doch diese werden in erster Linie durch starke psychische Belastungen, beispielsweise Trauer oder Leistungsdruck, ausgelöst. Oft gibt es für diese Zusammenhänge auch keinerlei offensichtlichen medizinischen Erklärungen. Unser körperlicher Zustand hängt demnach direkt mit unserem geistigen Wohlbefinden zusammen und kann sowohl positiv als auch negativ davon beeinflusst werden. [2]

Auch die Magersucht fängt zunächst nur im Kopf der Betroffenen an. Auslöser können ebenso übermäßiger Stress, Trauer, zu hohe Erwartungen an sich oder andere und Depressionen sein. Des Weiteren können dies auch Unzufriedenheit mit sich selbst und dem eigenen Körper, fehlende Zuordnung der Sexualität sowie Probleme mit dem

---

[1] vgl. Schulte-Martkwort, Michael; Zahn, Sabine: Magersucht. Effektive Hilfe für Betroffene und
[2] vgl. https://www.palverlag.de/Psychosomatik.html [besucht am 12.10.2016]

eigenen Geschlecht bis hin zu sexueller Missbrauch sein. Darüber hinaus spielen neben den auslösenden Faktoren stets die Umstände innerhalb der Familie und in der Schule beziehungsweise am Arbeitsplatz eine große Rolle. [3]

Diese Arbeit handelt speziell von dem Umgang mit Magersucht und wie sich die Ansichten sowie der Umgang mit der Krankheit und damit den Betroffenen und der Krankheit selbst in den vergangenen Jahrzenten speziell über die Medien verändert haben.

---

[3] vgl. http://www.netzwerk-essstoerungen.ch/d/infos/magersucht/ma_faktoren.htm [besucht am 04.11.16]

2. Die Definition von Magersucht

Fachsprachlich wird die klassische Magersucht als *Anorexia Nervosa* (aus dem Griechischen für *nervlich bedingte Appetitlosigkeit*) bezeichnet, häufiger nur *Anorexia* oder *Anorexie* genannt, wobei *Anorexie* primär für Appetitlosigkeit steht. Betroffene, die unter Magersucht leiden, wollen ihr Gewicht grundsätzlich absichtlich reduzieren. Man differenziert in erster Linie zwischen zwei verschiedenen Typen der Anorexie. Zu ihnen gehört einerseits die Anorexie vom *restriktiven Typus* (die Nahrungsreduktion erfolgt bis hin zur gänzlichen Verweigerung von etwaigen Lebensmitteln mit höheren Kalorienanteil) und andererseits die seltenere Anorexie vom *Purging-Typus* (vom englischen Wort *purge = ausräumen*, in Verwendung mit Magersucht auch *erbrechen*). Darüber hinaus zählen ferner noch die *Anorexia Athletica* sowie die *Anorexia Orthorexia* zu der Gruppe von Anorexie. Im Unterschied zur Magersucht merkt man bei der anderen weit verbreiteten Essstörung *Bulimia Nervosa* (auch *Ess-Brech-Sucht* genannt oder wörtlich aus dem Griechischen *der Ochsenhunger*) die sukzessive Gewichtsabnahme kaum bis gar nicht. Bulimiker/-innen legen zumeist ein normales, gelegentlich sogar ein unbeschwertes Essverhalten an den Tag und sind in den meisten Fällen auch normalgewichtig. Allerdings verspüren diese nach der Nahrungsaufnahme durch Schuldgefühle das Bedürfnis, sich ihrer Nahrung wieder unauffällig zu entledigen. Dies geschieht entweder über absichtlich herbeigeführtes Erbrechen oder Laxantienabusus (Missbrauch von Abführmitteln). [4]

Der Übergang zwischen Magersucht und Bulimie verläuft hingegen sehr fließend. Oft greifen Anorexie-Patienten/-innen zu den Mitteln der Bulimie, um sich ein verbotenes Essen zu erlauben und sind leichter gefährdet, nach anfänglichen Heilungsfortschritten gänzlich in die Ess-Brech-Sucht zu rutschen. [5]

Eine weniger folgenschwere aber weit verbreitete Form der Essstörung ist die *Latente Esssucht* oder *Orthorexia Nervosa, Orthorexie*. Bei ihr handelt es sich wiederum um eine andauernde Diät, bei der die Betroffenen der Überzeugung sind, nur durch ständige Kontrolle über ihre Nahrungszufuhr das Gewicht halten zu können und entwickeln dabei eine Besessenheit nur Gesundes zu essen. Wie auch bei den anderen

---

[4] vgl. Schulte-Martkwort, Michael; Zahn, Sabine: Magersucht, S. 30f.
[5] vgl. https://lebenshungrig.de/2012/von-der-anorexie-zur-bulimie-therapie/ [besucht am 10.01.17]

Essstörungen verfügen Orthorektiker/-innen über ein verzerrtes Selbstbild und leiden häufig unter Minderwertigkeitsgefühlen oder haben Schwierigkeiten, sich dem sozialen Gefüge anzupassen. [6]

Da ihr Verhalten innerhalb unserer Gesellschaft dagegen weit verbreitet ist und als allgemein gesundheitsbewusst angesehen wird, gestehen sich viele ihre Essstörung nicht ein oder werden auch aus medizinischer Sicht erst gar nicht als ernsthaft essgestört wahrgenommen. Nach Angaben eines Ernährungspsychologischen Instituts der deutschen Georg-August-Universität wäre damit etwa jede zweite Frau in Deutschland essgestört und habe schon im Alter von unter 18 Jahren ihre erste Diät versucht. [7]

Während magersüchtige Patienten/-innen fast oder gänzlich auf das Essen verzichten, so leiden Bulimiker/-innen geradezu unter Essattacken (im Englischen auch *Binge-Eating* genannt), bei denen er/sie die völlige Kontrolle über den Lebensmittelkonsum verliert und auch Mahlzeiten mit über 3000 Kilokalorien binnen weniger Minuten zu sich nimmt, was mehr als den durchschnittlichen Tagesbedarf eines erwachsenen Mannes entspricht. [8]

Somit wirken diese zwei Krankheiten für Außenstehende zwar sehr ähnlich – jedoch sind sie bei näherer Betrachtung durchaus verschieden und müssen auch dementsprechend andersartig therapiert werden. [9]

Das nachgestellte *Nervosa* steht für den psychischen, nervenbedingten Teil der Krankheit. Bei der *Anorexia Nervosa* erleiden Betroffene eine charakteristische *Körperschemastörung* bei der sie ihren Körper trotz auffallender Abmagerung als übertrieben massig, gar voluminös, wahrnehmen und ein komplett gestörtes Bild ihres Aussehens besitzen. Essen empfinden sie als eine Qual und sie versuchen es dadurch auch möglichst zu vermeiden. Erlaubt sind nur wenige, kaum Kalorien enthaltende Lebensmittel, die routiniert und bedächtig eingenommen werden, um die Macht der Nahrungsaufnahme allenfalls selbst zu behalten. Das gemeinsame Essen mit Freunden

---

[6] vgl. http://lexikon.stangl.eu/9082/latente-esssucht/ [besucht am 05.01.17]
[7] vgl. http://arbeitsblaetter.stangl-taller.at/SUCHT/Essstoerungen.shtml#Orthorexia%20nervosa [besucht am 05.01.17]
[8] vgl. PD Dr. phil. Dipl.-Psych. G. Reich, Dipl.Päd. C. Götz-Kühne, Dipl.-Psych. U. Killius: Essstörungen. Magersucht, Bulimie, Binge Eating. – Stuttgart: Trias Verlag 2004 S. 22ff.
[9] vgl. http://www.bauch.de/schmerzen-und-krankheiten/unterschied-zwischen-magersucht-und-bulimie [besucht am 25.10.16]

oder Verwandten sehen die Patienten/-innen oftmals sogar als Strapaze an, da sie weder beim Essen beobachtet werden wollen, noch, dass jemandem ihr gestörtes Essverhalten auffällt und sie dazu überreden möchte, wieder mehr zu essen. [10]

Wird Magersucht nicht bald genug therapiert, so können neben der drastischen Gewichtsabnahme Haarausfall, beziehungsweise die für Anorexie typische *Lanugobehaarung* (siehe *Begriffserklärung*), trockene Haut, Knochenschwund und bei Patientinnen das Ausbleiben der Monatsblutung die Folge sein. Bei akuten Fällen von Anorexie kann es sogar zum Organversagen kommen. [11]

Die Sterberate von Magersüchtigen ist zuletzt nicht nur wegen hochgradiger Fehl- und Mangelernährung und den daraus resultierenden Gesundheitsrisiken, wie etwa Lungenentzündungen oder einem plötzlichen Herztod durch Herzrhythmusstörungen, so hoch, sondern auch angesichts der Suizide infolge von schweren Depressionen im Krankheitsverlauf. [12]

---

[10] vgl. Schulte-Martkwort, Michael; Zahn, Sabine: Magersucht, S. 31f.
[11] vgl. http://www.augsburger-allgemeine.de/wissenschaft/Magersucht-kommt-nicht-nur-von-schlechten-Vorbildern-id34769632.html [besucht am 22.12.16]
[12] vgl. http://www.anorexie-heute.de/hungern-bis-zum-tod-woran-sterben-magersuechtige/ [besucht am 31.12.16]

3. Der Umgang mit Magersucht

3.1. Der Wandel der Schönheitsideale

3.1.1. Die Anfänge

Magersucht ist keine zeitgemäße Erkrankung der letzten 30 Jahre. Es existieren bereits Schriften aus dem neunten Jahrhundert die beweisen, dass Menschen schon seit geraumer Zeit an ihr erkranken. Hatte man den langen Verzicht auf Essen damals noch als extremes Fasten oder Buße von Essanfällen angesehen, so gelten diese Aufzeichnungen als die ersten dokumentierten Fälle von Anorexia Nervosa. [13]

> *„Diese erste* [von Tilman Haberma] *dokumentierte Beschreibung in Deutschland geht auf das Bayern des 9. Jahrhunderts zurück. Eine junge Bäuerin, Friderada von Treuchtlingen, bekommt heftige Freßanfälle* [sic!]*, derer sie sich schämt. Als sie später in einem Kloster aufgenommen wird, unterwirft sie sich langen Fastenzeiten. Sechs Wochen lang wird sie sorgfältig - auf Anordnung des Bischofs - kontrolliert, um sicher zu sein, daß* [sic!] *es sich nicht um einen Betrug handelt, doch es wird festgestellt, daß* [sic!] *sie tatsächlich keine Nahrung zu sich nimmt. Drei Jahre später wird das Wunder ausgerufen, da sie immer noch nichts gegessen hat. Heute würde die Medizin Friderada als magersüchtig abstempeln und eine heimliche, auf das Minimum reduzierte Nahrungsaufnahme postulieren."* [14]

Auch später fiel es den Ärzten/-innen schwer, eine richtige Diagnose zu finden, da man mit den dazumal noch sehr spärlichen Mitteln Magersucht zumeist irrtümlich als Tuberkulose oder Depression diagnostizierte, da diese ähnliche Symptome, wie etwa körperliche Schwäche, Appetitlosigkeit und Gewichtsreduzierung hervorrufen. Der Engländer *William Withey Gull* und der Franzose *Ernest-Charles Lasegue* befassten sich schon um 1870 speziell mit der Behandlung dieser Krankheit. [15]

---

[13] vgl. Schulte-Martkwort, Michael; Zahn, Sabine: Magersucht, S. 79ff.
[14] http://www.magersucht.com/pb/1/1_1.htm [besucht am 04.12.2016]
[15] vgl. Schulte-Martkwort, Michael; Zahn, Sabine: Magersucht, S. 79ff.

„Die Behandlung der Magersucht erfolgte [...] nach den Grundsätzen Ordnung, Autorität und Bestrafung. Die PatientInnen wurden eingesperrt, zur Ruhe verpflichtet, zwangsernährt und schließlich medikamentös ruhiggestellt." [16]

Heutzutage werden Betroffene individuell in Kliniken oder ambulant mithilfe von Gesprächs-, Kunst- oder Körpertherapien behandelt, welche die Magersüchtigen mit Übungen direkt konfrontieren und sie langsam wieder in ein normales Leben zurückführen sollen. In erster Linie werden die seelischen Zustände der Patienten/-innen hierbei berücksichtigt und es wird speziell auf die einzelnen Fälle eingegangen. [17]

3.1.2. Magermodels

Der Irrglaube, dass Anorexie erst durch das Nacheifern von untergewichtigen Models entstand und nur in den westlichen Ländern vorkommt, ist wiederum weit verbreitet. Obwohl sogenannte *Superskinnymodels*, wie die damalig noch sehr junge Britin Kate Moss (siehe *Abbildung 1*), in den Neunzigern noch relativ selten engagiert wurden, ersetzten diese bald zunehmend die zwar schlanken aber dennoch kurvig gebauten Vorgängerinnen wie etwa *Claudia Schiffer*, *Cindy Crawford* oder *Naomi Campbell*. Moss gilt als Vorreiterin der Superskinnymodels und ist deswegen auch deren Gesicht seit ihr der Durchbruch mit der Calvin Klein Kampagne für das Parfüm *Obsession* gelang. [18]

Abbildung 2 - Die junge Kate Moss

Dennoch gab es schon vor der Einführung der Superskinnymodels das erste anorektische Fotomodell: Lesley Hornby (siehe *Abbildung 2*) alias Twiggy (englisch: *Zwerglein* oder *spindeldürr*). Schon kurz nach ihren ersten Fotoshootings wurde das englische Model aufgrund ihrer dürren Beine und ihrer kindlichen Figur bereits im Teenageralter von

Abbildung 1 – Lesley Hornby den 60ern

---

16 Schulte-Martkwort, Michael; Zahn, Sabine: Magersucht, S. 81f.
17 vgl. ebd. S. 112f.
18 vgl. http://www.stuttgarter-zeitung.de/gallery.kate-moss-wird-40-das-perfekte-anti-model-param~3~2~0~18~false.d2c96452-5bf9-4077-95d5-b47e24f7eb54.html [besucht am 07.09.2016]

der damaligen Chefredakteurin des Vogue-Magazins als das neue Körperideal bezeichnet. [19]

Ein Grund, weshalb Frauen mit kindlicheren Zügen und dem zarten Körperbau besonders unter Männern bevorzugt werden, offenbart sich in der Verhaltensforschung unter dem sogenannten *Kindchenschema*. Hierbei löst ein kindliches Auftreten einen Beschützerinstinkt aus und bewirkt sowohl ein Bedürfnis nach Betreuung als auch nach emotionaler Zuwendung. [20]

Nachdem das israelische Model *Hila Elmalich* mit 27 Kilogramm aufgrund ihrer Essstörung verstarb, beschloss Israel 2012 als erstes Land Gesetze, um untergewichtige Models aus der Werbebranche zu verbannen. Demnach dürfen nur noch Models engagiert werden, die einen *Body-Mass-Index* (siehe *Begriffserklärung*) von über 18,5 aufweisen – als offiziell untergewichtig gilt man jedoch schon ab einem Body-Mass-Index von 17,5. Twiggy lag mit ihrem Wert von 14,5 somit fernab dieser Werte. [21]

Der Body-Mass-Index von amerikanischen Schönheitsköniginnen lag 1920 ebenfalls noch zwischen 20 und 25, das heute einem durchschnittlichen Wert entsprechen würde, und sank seit den 1990ern auf einen Wert von 18,5 ab. Auch das Verhältnis zwischen dem mittleren Gewicht eines Models und dem Durchschnittsgewicht der Bevölkerung hat sich seither stark verändert. Während das damalige Körpergewicht sich noch im Schnitt um 8% von dem der Bevölkerung unterschied stieg der Prozentwert bis heute auf 20% an. [22]

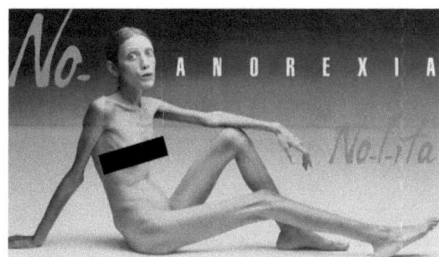

Nach einem fünfzehnjährigen Kampf starb das französische Model *Isabelle Caro* 2007 ebenfalls an den Folgen ihrer schweren Magersucht im Alter von 28 Jahren. [23]

Bekannt wurde die Französin vor allem aufgrund ihrer skandalösen Fotoserie *No-Anorexia* des Benetton-Fotografen *Oliviero*

Abbildung 3 – No-Anorexia Kampagne

[19] vgl. http://www.lifetimetv.co.uk/biography/biography-twiggy [besucht am 25.10.2016]

[20] vgl. https://www.unibas.ch/de/Forschung/Uni-Nova/Uni-Nova-116/Uni-Nova-116-Attraktivitaet.html [besucht am 30.12.16]

[21] vgl. https://www.welt.de/vermischtes/article13936288/Die-Knochen-der-Idealfrau-hart-wie-ein-Messer.html [besucht am 25.10.16]

[22] vgl. http://www.magersucht.de/krankheit/medien.php [besucht am 16.02.17]

[23] vgl. http://www.bbc.com/news/world-europe-12091475 [besucht am 12.01.17]

Toscani. Auf den Fotos (siehe *Abbildung 3*) zeigte sie ihren nackten Körper und wollte somit als Abschreckung für junge Frauen dienen und vor ihrer eigenen Krankheit warnen. [24]

Damit folgte auch Frankreich mit dem Verbot von Magermodels: ohne Bescheinigung des Body-Mass-Index drohen dort zum aktuellen Zeitpunkt bis zu sechs Monate Gefängnis und eine Summe in der Höhe von 75.000 Euro Geldstrafe. Zudem müssen alle digital veränderten Bilder mit einem Indiz der vorgenommenen Retusche versehen werden. [25]

Demgegenüber bekennen sich Modeikonen wie der deutsche Modeschöpfer und Designer *Karl Otto Lagerfeld* durchaus für den Einsatz von mageren Models bei ihren Auftritten. Lagerfeld hält Übergewicht für das weitaus größere Problem in unserer Gesellschaft und rechtfertigt damit seine anorektischen Models. [26]

> „There are less than 1% of anorexic girls, but [...] there are over 30% of girls in France with big, big overweight and that is much more dangerous and very bad for the health. So I think today with the Junkfood in front of the TV and things like that is something dangerous for the health or to the girls. The models are skinny but they are not that skinny." [27] – Karl Lagerfeld

Allerdings wurden in gleicher Weise die Erwartungen an die Männer gesteigert. Im Allgemeinen wird ein schlanker, großer und athletischer Körper mit einem gesunden Teint als attraktiv wahrgenommen. [28]

Neben den 86,6 Prozent der Frauen unterzogen sich im Jahr 2016 an der Deutschen Gesellschaft für Ästhetisch-Plastische Chirurgie ebenso 13,4 Prozent der Männer einer Schönheitsoperation. [29]

---

[24] vgl. http://derstandard.at/3047339/Starfotograf-Oliviero-Toscani-mit-Schock-Kampagne-gegen-Anorexie [besucht am 12.01.17]
[25] vgl. http://www.spiegel.de/panorama/justiz/berufsverbot-frankreich-verbannt-magermodells-vom-laufsteg-a-1068451.html [am 25.10.16]
[26] vgl. https://lebenshungrig.de/2012/magersucht-uebergewicht-lagerfeld/ [besucht am 03.11.16]
[27] Channel 4 News (11.10.12): Karl Lagerfeld: the creations and the controversy. [YouTube Video] https://www.youtube.com/watch?v=Qh7tTta9JaY [besucht am 31.12.16]
[28] vgl. http://www.schoenheitsmerkmale.de/der-schoene-mann.html [besucht am 02.02.17]
[29] vgl. https://de.statista.com/statistik/daten/studie/243144/umfrage/geschlechterverteilung-bei-patienten-von-schoenheitsoperationen-in-deutschland/ [besucht am 24.01.17]

3.2. Zunehmende Bedeutung von Essstörungen im Sport

3.2.1. Sportmagersucht

Besonders viele Sportler/-innen neigen
aufgrund der für ihre steigernden
Leistungen benötigten Dokumentation
ebenfalls zu diversen Essstörungen, also
einer zwanghaften Beschäftigung mit
ihrem Körpergewicht und dem
zugeführten Essen. Dabei achten sie
speziell auf eine nahezu perfekte
Zusammensetzung ihrer
Nahrungsaufnahme und damit verbunden

Abbildung 4 - Läuferin *Hitomi Niiya*: weniger Gewicht – bessere Ergebnisse

ihre Makro- beziehungsweise Mikronährstoffe (siehe *Begriffserklärung*) sowie die
Kalorienanzahl. Speziell bei Extremsportler/-innen, die ihr Gewicht für Wettkämpfe
halten sollen oder deren Gewicht sogar ausschlaggebend für ihre Bewertungen sein
kann, besteht ein erhöhtes Risiko, eine gestörte Beziehung zum Essen zu entwickeln.
Auch im Sport beträgt das Verhältnis der betroffenen Frauen gegenüber den Männern
10:1. Durch den zunehmenden Druck der Medien könnte sich diese Zahl jedoch künftig
ändern, denn auch dem männlichen Geschlecht werden immer mehr wünschenswerte
Idealkörper präsentiert. Überwiegend der Leistungsdruck und der Drang nach
Perfektionismus machen die Sportler/-innen gegenüber den Nicht-Sportlern/-innen
anfälliger, zu erkranken. [30]
Bei der Sportsucht erhält Sport eine höhere Priorität als soziale Kontakte, teilweise
sogar als die eigene Familie. Leibesübungen erhalten einen ebenso hohen Rang an
Relevanz wie das Fasten bei Anorexia Nervosa Patienten/-innen. Eine weitere Ursache
hierfür könnte die Ausschüttung des Neurotransmitters Dopamin, dem eine
beglückende Wirkung zugeschrieben wird, sein. [31]

---

[30] vgl. http://www.trainingsworld.com/ernaehrung/sporternaehrung-sti94848/essstoerungen-bei-sportlerinnen-1273898.html [besucht am 30.12.16]
[31] vgl. Schuster, Nicole: Wenn Essen Angst macht. Essstörungen – Fakten, Geschichten und Hilfen. Stuttgart: W.Kohlhammer GmbH Stuttgart [1] 2011, S.33 f.

Die Übergänge zwischen *Anorexia Nervsoa*, *Bulimia Nervosa* und der sogenannten *Athletica Nervosa* oder auch *Sportanorexie* sind ebenfalls fließend. Obwohl bei der Sportmagersucht der Body-Mass-Index noch im Normalbereich (zwischen 18,5 und 21) liegt, weisen die Betroffenen bereits unverkennbare Symptome der typischen Magersucht auf. Das Motiv ist hierbei jedoch nicht vorrangig das Abnehmen, sondern die erbrachte Leistung.

> *„Durch ein verringertes Körpergewicht, sei es zum Beispiel im Skispringen, im Eiskunstlaufen oder beim Laufen, kommt es anfangs zu einer Steigerung der Leistungsfähigkeit, da das optimale Kraft-Leistungsverhältnis erreicht wurde."* [32]

Diese können Sportler/-innen hingegen bei mangelnder Ernährung langfristig nicht mehr erbringen, ein frühzeitiger Karriereabbruch oder Wachstumsstörungen bei Jugendlichen und Kindern kann die Folge sein. [33]

> *„Jugendliche sind besonders gefährdet, weil sie ihre Grenzen noch nicht kennen. Sie wollen siegen, das ist ihnen wichtiger, als ihre Gesundheit."* [34]

3.2.2. Der Adonis-Komplex

Demgegenüber steht der vor allem bei jungen Männern weit verbreitete *Adonis-Komplex*, benannt nach dem Sinnbild der Schönheit in der griechischen Mythologie. Betrifft Athletica Nervosa größten Teils die Frauen, so sind bei dem Adonis-Komplex (auch *Muskeldysmorphie* oder *Bigorexie/Biggerexie* genannt) hauptsächlich Männer im Bereich des Bodybuildings betroffen. Personen mit diesem Krankheitsbild verfolgen ein überdurchschnittlich muskulöses Aussehen und besitzen, wie bei den anderen erwähnten Essstörungen, ein gestörtes Bild ihrer selbst. Sie halten ihren Körper, egal

---

[32] vgl.
http://www.forumgesundheit.at/portal27/forumgesundheitportal/content?contentid=10007.688488&viewmode=content&portal:componentId=gtnc283845a-c25e-414d-925e-513e808ca0d8 [besucht am 30.12.16]
[33] vgl. http://www.paediatrie.at/home/Vorsorgemedizin/Ernaehrung/Broschuere_Anorexia_athletica [besucht am 01.01.17] S. 8f.
[34] vgl. ebd. S. 8f.

wie gut sie auch trainiert sind, stets für zu schmächtig und empfinden sich selbst meist als weniger attraktiv. Psychische Konflikte werden hierbei meist auf den eigenen Körper übertragen. Ursachen für diesen Komplex können, ebenfalls wie bei Magersucht, Perfektionismus und ein geringes Selbstwertgefühl sein oder ein überaus schlechtes Verhältnis zum Vater der Betroffenen. Auch Fremdbilder der Medien dienen bei der Muskeldysmorphie in zahlreichen Fällen als Vorbild. [35]

Um die gewünschten Ziele zu erreichen um zum Beispiel Muskelmasse aufzubauen können Nahrungsergänzungsmittel (englisch: *Supplements*), die nicht mit Doping verwechselt werden dürfen, zum schnelleren Erfolg verhelfen. Darunter werden Vitaminpräparate, Proteinpulver sowie andere muskelaufbaufördernde oder den Stoffwechsel anregende Mineralstoffe verstanden. Hierzu gehören auch das weit verbreitete L-Carnitin für den Stoffwechsel, Kreatin und BCAAs (*Biochemische Aminosäuren*) für die Erhaltung der Muskelmasse. Diese werden jedoch oftmals übermäßig eingenommen und bewirken in den wenigsten Fällen noch eine weitere Steigerung des Muskelaufbaus. [36]

3.2.3. Der Body-Mass-Index

Der Body-Mass-Index, kurz BMI, setzt Gewicht und Körpergröße in Beziehung und soll somit als ein allgemeiner Richtwert speziell für Unter- und Übergewicht dienen. Er wird des Weiteren für Frauen und Männer sowie in Altersklassen getrennt, da diese Faktoren Einfluss auf die Auswertung des Body-Mass-Index haben. Magersüchtige im Jugendalter liegen im Allgemeinen mehr als 15 Prozent unter dem durchschnittlichen Gewicht von gleichaltrigen Jugendlichen ohne Essstörung, das einem BMI von zirka 17 entspricht. Der Normwert bei Normalgewichtigen im Alter von 19 bis 24 läge hierbei zwischen 19 und 24. Befindet sich der Wert unter 16, so wäre eine stationäre Behandlung erforderlich. [37]

---

[35] vgl. http://symptomat.de/Muskeldysmorphie [besucht am 06.01.17]
[36] vgl. https://sportfitness.ch/index.php?ngq=content/supplemente/wassindsupplements/ [besucht am 08.01.17]
[37] vgl. Simchen, Helga: Essstörungen und Persönlichkeit. Magersucht, Bulimie und Übergewicht – Warum Essen und Hungern zur Sucht werden – Stuttgart: W. Kohlhammer GmbH [1] 2010, S. 72f.

Dadurch, dass er jedoch den Muskel- beziehungsweise den Fettanteil des Körpers nicht miteinbezieht, kann er stark variieren und wird deswegen auch häufig kritisiert. So können bei Leistungssportler/-innen Werte von über 25, also Übergewicht, errechnet werden, auch wenn diese einen sehr geringen Körperfettanteil besitzen. Für eine konkrete Analyse und Vorhersage von Gesundheitsrisiken sollten demnach mehrere Parameter miteinbezogen und ein Arzt konsultiert werden. [38]

---

[38] vgl. http://www.spiegel.de/gesundheit/ernaehrung/uebergewicht-der-body-mass-index-bmi-ist-umstritten-a-1001276.html [besucht am 13.01.17]

3.3. Verändertes Ernährungsbewusstsein

Wie auch bei der *Orthorexie* (griechisch *orthos* = richtig und *orexis* = Appetit; ergo der *richtige Appetit*) empfinden bereits viele Menschen das Gefühl, sich intensiv mit ihrer Nahrungswahl auseinandersetzen zu müssen und bestehen deshalb auf möglichst unverarbeitetes, veganes oder fleischloses, für sie als gesund empfundenes, Essen. Bereits drei Prozent der österreichischen Bevölkerung ernähren sich rein vegetarisch und ersetzen Fleisch durch Produkte wie Tofu, Soja und nehmen Nahrungsergänzungsmittel als Unterstützung zu sich. [39]

Eine amerikanische Studie der 1960er-Jahre setzte das Idealgewicht mit einer längeren Lebenserwartung gleich und führte somit zu zahlreichen Fastenkuren innerhalb aller sozialen Schichten und in verschiedenen Ländern. Neue Diäten versprachen nun eine einfache Gewichtsabnahme. Dass diese Diäten, insbesondere radikale Crashdiäten, jedoch den Stoffwechsel auf Dauer schädigen und das Abnehmen dadurch nunmehr erschweren, wusste man zu damaliger Zeit dagegen noch nicht. [40]

So fängt auch die Magersucht in zahlreichen Fällen mit einer harmlosen Diät an. Oftmals bewirken der Wunsch nach sozialer Anerkennung und Zuwendung simultan zu hohen Erwartungen an sich selbst ein negatives Selbstwertgefühl. Diese persönliche Unzufriedenheit und die Aggressivität gegen das Innere kann zu Frustabbau durch Ausbildung von Zwängen wie Sport, Kalorienzählen oder die unweigerliche Kontrolle der Nahrungszufuhr führen. Durch die daraus resultierende Gewichtsabnahme bekommen Betroffene zumeist die nötige Selbstbestätigung, die sie keinesfalls wieder verlieren möchten. Das ständige Fasten wird hierbei zur Sucht und als psychische Stabilisierung erlebt. [41]

---

[39] vgl. http://www.gesund.at/a/vegetarisch [besucht am 08.01.17]
[40] vgl. PD Dr.phil. Dipl.-Psych. G. Reich, Dipl.Päd. C. Götz-Kühne, Dipl.-Psych. U. Killius: Essstörungen, S. 33
[41] vgl. Simchen, Helga: Essstörungen und Persönlichkeit, S. 74

4. Der Einfluss von Medien im Umgang mit Magersucht

4.1. Die sozialen Netzwerke

Obwohl Social Media-Schönheitstrends wie die *Thigh Gap* (siehe *Begriffserklärung*) oder die *Bikini Bridge* (siehe *Begriffserklärung*) zumindest in der virtuellen Welt inzwischen überwiegend zurückgegangen sind, wurde dieser folglich von einem regelrechten Fitnesswahn mit dem Titel *„Fitspiration"* ersetzt (einem Neologismus der aus den Wörtern *Fitness* und *Inspiration* entsprungen ist). Unter diesem *Hashtag*

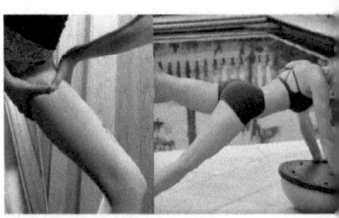

Thinspiration vs. **Fitspiration**

Abbildung 5 – Thinspiration vs. Fitspiration

#fitspo (siehe *Begriffserklärung*) findet man unzählige Einträge und Abzüge von Fitness-Bloggern/-innen, die ihre durchtrainierten Körper, verschiedene Fitnessübungen und damit verbunden ebenso gesundes Essen posten. Auf diese Weise wollen sie den Pro-Ana Bewegungen endgültig ein Ende setzen. Für viele Sportbegeisterte scheinen die Fitnessblogger/-innen das perfekte Leben zu führen und dienen somit auch als große Vorbilder, zumal sie oft neben ihrem Fitnessleben auch

Abbildung 6 - Ceila Learmonth auf Instagram unter @iamceilialearmonth

normale Berufe ausüben oder studieren.

Auch *Ceilia Learmonth* (siehe *Abbildung 6*),
eine erfolgreiche Fitness-Bloggerin auf
Instagram und Facebook, die ebenfalls den
Glaubensgrundsatz „*Strong is the new skinny"*
vertritt, postete täglich Bilder ihrer Work-outs
oder ihres perfekt abgewogenen Essens, bis
sie ihren damalig 20.000 Abonnenten/-innen
gestand, an einer Essstörung zu leiden und es
mit dem Sport und Kalorienzählen
übertrieben zu haben. Heute versucht sie
ihren Abonnenten/-innen ein besseres
Selbstwertgefühl zu vermitteln und will als ein
vorbildhaftes Beispiel dienen. [42]

Abbildung 7 – Instagrambild zu "ED-Recovery"

Unter den Hashtags *#Eating_disorder_Recovery* oder kurz *#ED_Recovery* finden sich
zudem etliche weitere Nutzer, die ihre Essstörung bereits überwunden haben und
anderen Mut zum Essen machen wollen. Sie kämpfen somit ebenfalls gegen den
anhaltenden Pro-Ana Trend an und versuchen, ihren Abonnenten/-innen ein gesundes
Bild des eigenen Körpers sowie ein normales Essverhalten zu vermitteln(siehe
Abbildung 7). Diese *Instagrammer* zeigen hierbei ihren Weg aus der Essstörung der
Öffentlichkeit und erhoffen sich dadurch, anderen Essgestörten damit helfen zu
können. Dabei posten sie hauptsächlich Dinge wie schön zubereitete Speisen oder
kleine Mahlzeiten, die auch einmal nicht der Bestandteil einer Diät sein müssen.
Instagram bietet den Betroffenen insofern neben dem Teilen von Fotos auch die
Möglichkeit, sich auszutauschen und gegenseitig aus den verschiedensten
Essstörungen zu helfen. [43]

---

[42] vgl. http://www.goethe.de/ins/cz/prj/jug/the/kra/de15948470.htm [besucht am 02.01.17]
[43] vgl. http://www.ksta.de/panorama/-sote-magersucht-im-sozialen-netwerk-recovery-23573506-seite2
[besucht am 29.01.17]

4.2. Pro-Anorexia Seiten

Pro-Ana Bewegungen leiten sich aus dem Lateinischen von *pro*: für und *Anorexia*
[*Nervosa*]: Magersucht ab. Diese Gruppierung verherrlicht Magersucht auf diversen
eigenen Foren sowie unter privaten Profilen auch auf sozialen Netzwerken. Sie ist eine
Entwicklung des 21. Jahrhunderts und leugnet, dass Anorexie tatsächlich eine
Krankheit ist. Vielmehr glorifizieren die Anhänger/-innen Magersucht als ihre *Freundin*,
und als selbstständige Macht über den eigenen Körper. Die Mitglieder solcher Gruppen
spornen sich gegenseitig zum Hungern an. Dabei werden diverse rabiate Methoden für
die gewünschte Gewichtsreduktion ausgetauscht. Normalgewichtige oder Nicht-
Magersüchtige, die sie in der Regel wieder zu einem vernünftigen Essverhalten
bekehren wollen, werden als eifersüchtig auf die Magersüchtigen oder gar als
schadhaft bezeichnet. Zudem müssen sich die Anhänger/-innen innerhalb dieser
Bewegung an strikte Regeln halten. [44]

> *„Viele Merkmale der Pro-Ana-Bewegung mögen an Sekten erinnern und die*
> *Hingabe an die Krankheit kann Züge der Religiosität annehmen. Neben dem*
> *Brief von Anna* [einem Schreiben der personifizierten Krankheit] *gibt es häufig*
> *ein Glaubensbekenntnis, 10 Gebote und Psalme* [sic!]. *Gebot Nummer eins*
> *lautet: Du kannst nie zu dünn sein. "* [45]

Abbildung 8 – Pro-Ana Inspiration

---

[44] vgl. Schuster, Nicole: Wenn Essen Angst macht. Essstörungen, S. 120ff.
[45] vgl. ebd., S.120ff.

Die gegenseitige Motivation besteht jedoch nicht nur aus anspornenden Sprüchen, den sogenannten *Thinlines,* sondern ebenso aus Bildern, welche die Magersüchtigen von ihren untergewichtigen Idolen posten. Neben diesen Beiträgen finden auch Wettbewerbe zwischen den Mitgliedern statt, bei denen diejenigen beispielsweise mit dem niedrigsten Body-Mass-Index oder Gewicht gewinnen. Hat man das aufwändige Aufnahmeverfahren bestanden, müssen regelmäßig Fortschritte von der Gewichtsreduktion und das derzeitige Essverhalten des Mitglieds berichtet werden. Viele junge Menschen landen in diesen Gruppen weil sie den Glauben auf Genesung bereits verloren oder andernfalls sich im Extremfall sogar schon selbst aufgegeben haben und teilweise suizidgefährdet sind. Aufgrund der erhöhten Todesrate von Magersüchtigen versuchen Fachleute die zahlreichen Pro-Ana Seiten zu verbieten, die in vielen Fällen einer Heilung entgegenwirken. Andere sehen in diesen Foren einen Zufluchtsort für die Betroffenen, damit sie nicht völlig vereinsamen, ihre Gedanken teilen und durch Reflektion anderer eigenständig ihren Weg aus der Krankheit finden könnten. [46]

Besonders die Plattform *Tumblr,* welche 2007 von David Karp gegründet worden ist, wurde berühmt durch ihre anhäufenden Pro-Ana Mitglieder und reagiert heute mit der Einblendung einer eigenen Hotline für Essgestörte, sofern der Suchbegriff Pro-Ana eingeben wird. [47]

4.3. Die Massenmedien

Grundsätzlich wird den Medien häufig vorgeworfen, Stereotype und Ideale zu repräsentieren: Einerseits das Abbild eines makellosen, schlanken Körpers und hoch geschätzten Menschen und andererseits ein Anti-Ideal, welches meist eigenartig, korpulent und auch unsympathisch dargestellt wird. Das durch Bildbearbeitung optimierte Ideal wird somit auch als nahezu unerreichbarer Maßstab für die Massen angewendet und trägt somit zu einem negativen Selbstbild des Publikums bei. [48]

---

[46] vgl. Schuster, Nicole: Wenn Essen Angst macht. Essstörungen, S.121f.
[47] vgl. https://www.tumblr.com/psa/search/pro%20ana [besucht am 13.01.17]
[48] vgl. http://elearn.hawk-hhg.de/projekte/medienidentitaet/pages/diskurs/kF6rper-in-medien/kF6rper-kult-medien/medien-als-ursache-von-essstF6rungen.php [besucht am 19.02.17]

„Shows wie ‚Germany's Next Topmodel haben einen Einfluss darauf, dass Kinder und Jugendliche mehr auf ihre Figur fixiert sind. Es ist schon ein großes Fragezeichen, warum die Zahl der Magersüchtigen trotz dieser Entwicklung konstant geblieben ist. Die neue öffentliche Aufmerksamkeit hat aber auch für Magersüchtige etwas gebracht. [...] Es gibt keine so hohen Dunkelziffern mehr. Magersüchtige fallen schneller auf, die Diagnose ist schneller da und auch die Behandlung. Vor zwanzig Jahren haben wahrscheinlich noch weniger gesagt: ‚Ich bin magersüchtig, ich brauche Hilfe.'" [49]

Obwohl man die Medien grundsätzlich nicht als die Schuldigen bezeichnen kann, so haben sie doch einen sehr großen Einfluss darauf, was wir als ideal und schön empfinden. Das Aussehen von extrem dürren Models wird besonders in der Modebranche immer noch als exotisch wahrgenommen, da es zumeist ein nicht zu erreichendes Ziel ist. Sowohl die ansteigende Unzufriedenheit mit dem eigenen Körper als auch der Drang, daraufhin eine Diät zu machen, können durch unrealistische Schönheitsideale in den Medien entstehen. [50]

„Es gibt sicherlich einen Zusammenhang, aber ich glaube, dass man selbst schon eine Tendenz zur Selbstzerstörung und ein Minderwertigkeitsgefühl mitbringen muss, bis man sich von der Modelindustrie bzw. den Medien soweit beeinflussen lässt [...]." [51]

Da sich die Betroffenen jedoch sehr misstrauisch gegenüber professioneller Hilfe verhalten, könnten gerade die Medien, speziell Internetforen von Beratungsstellen, zur Heilung verhelfen. Der Austausch ist hierbei unverbindlich und anonym, was die Hemmschwelle sinken lässt. Je mehr Menschen über Essstörungen bescheid wissen,

---

[49] vgl. http://www.theeuropean.de/thore-barfuss/8966-magersucht-und-essstoerungen-im-21-jahrhundert [besucht am 21.12.16]
[50] vgl. PD Dr. phil. Dipl.-Psych. G. Reich, Dipl.Päd. C. Götz-Kühne, Dipl.-Psych. U. Killius: Essstörungen, S. 34f.
[51] Schuster, Nicole: Wenn Essen Angst macht. Essstörungen, S. 32f.

desto eher kann in ihnen eine Bezugsperson gefunden werden und das abnormale Essverhalten baldmöglichst erkannt werden. [52]

5. Wer von der Krankheit betroffen ist

5.1. Die Auslöser der Krankheit

Eine einzige konkrete Ursache für Magersucht oder generell für Essstörungen gibt es nicht. Zumeist hängen viele verschiedene Einflüsse zusammen und die Probleme aller Patienten/-innen müssen individuell erforscht werden. Zu den Faktoren zählen sowohl gesellschaftliche Veränderungen hinsichtlich des Essverhaltens, dem erwünschten Schönheitsideal und den Rollenanforderungen, sowie Einflüsse aus Gruppen, der Familie oder tatsächlich eine genetische Veranlagung. Essstörungen sind im Allgemeinen nur die Verkörperung von mehreren inneren Konflikten und müssen aufgrund dessen auch therapeutisch behandelt werden. [53]

Viele Magersüchtige rutschen ganz unbewusst durch anfänglich harmlos wirkende Diäten in ihre Krankheit hinein. Sie denken zwar, dass sie jederzeit mit ihrer Diät aufhören könnten, besitzen aber große Angst, danach wieder zuzunehmen und zu ihrem alten Ausgangsgewicht zurückzukehren, das als Versagen gelten würde. Vor allem, dass sie nach der Abnahme der ersten Kilos einen Erfolg verspüren und dafür auch Komplimente und Anerkennung bekommen, die ihnen oft fehlen, macht es noch schwieriger, wieder zu alten Ernährungsgewohnheiten zurückkehren zu wollen. [54]

„Warum war sie nicht auch dünner, warum nur musste sie normalgewichtig sein? Normal war doch langweilig, viel zu durchschnittlich [...] Von nun sagte ihr diese Stimme, was sie essen durfte und sollte und was nicht. Jede 100 Gramm weniger auf der Waage stellten die Stimme zufrieden." [55]

---

[52] vgl. Schuster, Nicole: Wenn Essen Angst macht. Essstörungen, S. 123ff.
[53] vgl. PD Dr. phil. Dipl.-Psych. G. Reich, Dipl.Päd. C. Götz-Kühne, Dipl.-Psych. U. Killius: Esstörungen, S. 32f.
[54] vgl. https://lebenshungrig.de/2013/die-diaet-als-einstiegsdroge-in-bulimie-magersucht-und-binge-eating/ [besucht am 09.01.17]
[55] vgl. Schuster, Nicole: Wenn Essen Angst macht. Essstörungen, S. 19f.

5.2. Die Geschlechter und Altersgruppen

Da die genauen Zahlen bei so großen
Dunkelziffern schwierig zu ermitteln sind, wird
nun davon ausgegangen, dass rund 14 Prozent
der weiblichen Jugendlichen in Westeuropa im
Alter von 14 bis 19 gefährdet sind, an einer
Essstörung zu erkranken. [56]
Obwohl die Frauenrate an Magersucht zu
erkranken weit höher ist, kann diese Krankheit
sowohl Frauen als auch Männer gleichermaßen
betreffen. [57]

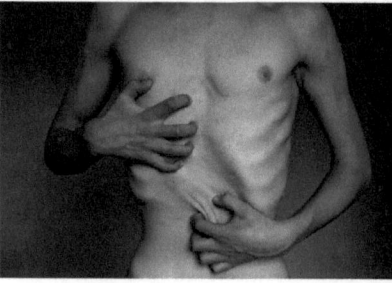

Abbildung 9 - Magersüchtiger Mann

*„Es wäre jedoch fahrlässig, die Magersucht als reine Mädchenkrankheit zu
interpretieren, die sich in den vergangenen fünf bis zehn Jahren unabhängig von
den sozialen und kulturellen Entwicklungen sehr verbreitet hat. Je mehr der
Körper zum Austragungsort gesellschaftlicher Debatten um Norm und
Abweichung, Gesundheit und Krankheit, Fitness und Faulheit wird, desto
wahrscheinlicher wird das Auftauchen männlicher Magersüchtiger im
öffentlichen medialen Raum."* [58]

Obwohl Magersucht in jedem Alter auftreten kann, so spielt die Pubertät bei der
Entstehung von Magersucht trotzdem eine markante Rolle. In dieser Phase ist der
Mensch besonders anfällig für psychische Erkrankungen, unter anderem auch
Depression oder Schizophrenie. In dieser Zeit können auch typische Situationen, wie
beispielsweise Scheidungen, Leistungsdruck oder Verluste, zu Auslösern von
Magersucht werden. Dies gilt für Mädchen ebenso wie für Jungen in diesem Alter. [59]

---

[56] vgl. PD Dr. phil. Dipl.-Psych. G. Reich, Dipl.Päd. C. Götz-Kühne, Dipl.-Psych. U. Killius: Essstörungen,
S. 27f.
[57] vgl. Simchen, Helga: Essstörungen und Persönlichkeit, S. 112f.
[58] Jongbloed-Schurig, Ulrike (Hrsg.): Ich esse deine Suppe nicht. Psychoanalyse gestörten Essverhaltens.
Ambulante Behandlungen und theoretische Konzepte. – Frankfurt am Main: Brandes & Apsel Verlag
GmbH [1] 2006, S.366
[59] vgl. Schulte-Martkwort, Michael; Zahn, Sabine: Magersucht. S. 51f.

5.3. Die sozialen Schichten

Während Übergewicht und Adipositas vermehrt in den unteren sozialen Schichten auftreten, sind Magersucht und Bulimie in den höheren sozialen Schichten weiter verbreitet. Besonders in den östlichen Ländern gilt der übermäßige Konsum von Essen immer noch als Zeichen des Wohlstands und damit verbunden, ein hoher gesellschaftlicher Status. [60]

> *„Manche Psychotherapeuten bezeichnen die Magersucht als ‚Rebellion der Braven‘. [...] Hungern ist ein stummer Hilfeschrei, ein stilles ‚Auf-sich-aufmerksam-Machen‘."* [61]

Trotz der Globalisierung und somit Steigerung des Wohlstands ist das Essen in vielen Teilen der Erde immer noch ein bedeutendes Element von verschiedenen Traditionen und gilt im Allgemeinen weiterhin als Zeichen eines hohen Lebensstandards. Zählte ein dicklicher Bauch vor etwa 50 Jahren noch als Statussymbol, preist man heute viel eher eine schlanke Figur an, da diese in den Zeiten des Massenkonsums mehr Selbstkontrolle abverlangt. In den westlichen Ländern gilt diese Restriktion auch als gesellschaftliches Ideal, da sie nach außen hin Kontrolle demonstriert. Adipösen Menschen wird diese weniger vorhandene Beherrschung als Mangel unterstellt und sie werden aufgrund dessen auch diskriminiert. Daraus kann sich bei vielen Menschen ein bewusst gesteuertes Essverhalten entwickeln, das wiederum zu einer Essstörung führen kann. Die Nahrungsaufnahme wird dabei zu einer anstrengenden Prozedur und gilt nicht mehr als selbstverständlich. [62]

---

[60] vgl. PD Dr. phil. Dipl.-Psych. G. Reich, Dipl.Päd. C. Götz-Kühne, Dipl.-Psych. U. Killius: Essstörungen, S. 29f.
[61] vgl. Arold, Marliese: Völlig schwerelos. Miriam ist magersüchtig. – Bindlach: Loewe Verlag GmbH ²2012, im Anhang
[62] Klotter, Christoph: Fragmente einer Sprache des Essens. Ein Rundgang durch eine essgestörte Gesellschaft. – Fulda: Springer VS 2015, S. 111 ff.

6. Die Therapiemöglichkeiten

Nach wie vor wird die *kognitive Verhaltenstherapie*, die in den 1960er-Jahren entwickelt wurde, als Therapiemöglichkeit bevorzugt. Dabei wird vorrangig auf das Verhalten der Patienten/-innen geachtet und auch analysiert. Es werden jeweils Therapiepläne auf die Betroffenen abgestimmt und versucht, alte Denkmuster zu durchbrechen. Hierbei nehmen die Therapeuten/-innen eine eigene Rolle ein und nutzen verschiedene Fragetechniken wie den *sokratischen Dialog*. Es sollen somit neue Erkenntnisse offenbart und das Essverhalten somit verändert werden. Aus *Sigmund Freuds* analytischem Therapieverfahren der Psychoanalyse und Tiefenpsychologie entwickelte sich im anfänglichen 20. Jahrhundert die *psychodynamische Therapie*. Während die kognitive Verhaltenstherapie sich auf die Zukunft und Gegenwart der Magersüchtigen konzentriert, befasst sich die psychodynamische Therapie besonders auf die Vergangenheit, da die Entwicklung der Persönlichkeit im Mittelpunkt steht. Sie deutet die aufkommenden Symptome immer im Zusammenhang mit den sozialen, biografischen und psychischen Umständen der Patienten/-innen und bezeichnet die Krankheit als Schutzmechanismus gegen bestimmte Gefühle. Beide Therapiemöglichkeiten werden je nach Bedarf in Einzel- oder Gruppensitzungen abgehalten. Eine dritte Möglichkeit der Therapie bietet die *Familientherapie*. Sie sucht die Ursache für diese Krankheit nicht nur bei den Betroffenen selbst sondern ebenso in ihrem Umfeld. Besonders den verständnislosen Familienangehörigen wird hierbei eine neue Sichtweise offenbart, mit der sie die Ansichten der erkrankten Person besser zu verstehen lernen. Diese Therapieform wirkt sich besonders gut bei Betroffenen im Kindes- und Jugendalter aus, da sie die gesamte Familiendynamik verbessert und versucht wird, jedes Familienmitglied miteinzubeziehen. Ob die Therapie stationär oder ambulant stattfindet, hängt jedoch ganz stark von dem Zustand der Patienten/-innen ab. [63]

---

[63] Schulte-Martkwort, Michael; Zahn, Sabine: Magersucht. S. 99ff.

7. Fazit

Magersucht kann durch verschiedenste Faktoren ausgelöst werden und hat zumeist mehrere ausschlaggebende Ursachen. Darüber hinaus wird sie oftmals mit anderen Essstörungen verwechselt und nicht ernst genug genommen. Obwohl sie beträchtliche physische Schäden mit sich bringt und mitunter zur gänzlichen Abmagerung des Körpers führt, wird sie zu den psychischen Krankheiten gezählt, da sie zunächst im Kopf entsteht. Wenngleich die Auslöser der Betroffenen unterschiedlich sein können, so besitzen Magersüchtige allerseits ein schwaches Selbstwertgefühl, haben einen Hang zum Perfektionismus und fühlen sich auf eine Weise nicht dem sozialen Gefüge zugehörig. Da die Dunkelziffern der erkrankten Personen weiter fallen und mehr Behandlungsmethoden angeboten werden, scheinen zwar statistisch gesehen heutzutage mehr Magersüchtige an der Krankheit zu leiden, doch tatsächlich gibt es diese Erkrankung bereits seit geraumer Zeit. Magersucht wurde allerdings weitgehend fehldiagnostiziert oder nicht als ernstzunehmende Krankheit anerkannt. Besonders im Laufe der letzten Jahrzehnte wurde man aufgrund von häufigen Skandalen um Magermodels und Schönheitstrends auf Magersucht aufmerksam, insbesondere im Internet.

Die Medien wirken indessen sehr widersprüchlich, da sie einerseits für ein lustvolles Leben mit Nahrungsmittel im Überfluss werben jedoch gleichzeitig auch das Schlanksein und körperliche Fitness rühmen. Sogenannte Pro-Ana Seiten und soziale Netzwerke bestärken die Betroffenen immer wieder in ihrem Fasten und gehören damit zu den fördernden Einflüssen dieser Erkrankung. Anorexie lässt sich unabhängig von Interessen, des Alters, des Geschlechts oder der Herkunft in den verschiedensten Gruppen wiederfinden und dient im Allgemeinen als Kompensation für tiefgehende Probleme. Magersucht ist weder eine Erkrankung der Reichen noch des 20. Jahrhunderts und muss therapeutisch behandelt werden.

Seit den 1990er-Jahren wurden auffallend viele magersüchtige Models engagiert und trugen damit zur Veränderung von gesellschaftlichen Körperidealen bei. Meine Fragen, ob sich diese Krankheit deshalb anders entwickelt hätte und ob wir anders mit ihr umgegangen wären, wenn es diese Bewegung nicht gegeben hätte, bleiben jedoch offen.

Begriffserklärung

Body-Mass-Index (BMI)[64]	Körpergewicht geteilt durch die Größe im Quadrat, ein grober Richtwert für Unter- und Übergewicht
Anorexia Nervosa[65]	Magersucht, griechisch: *die nervenbedingte Appetitlosigkeit*
Bulimia Nervosa[66]	Bulimie, griechisch: *der nervenbedingte Ochsenhunger*
Burnout-Syndrom[67]	Ein andauernder Zustand der totalen körperlichen und emotionalen Erschöpfung
Lanugobehaarung[68]	Auch *Babyflaum* genannt, Flaumbehaarung des ganzen Körpers zum Schutz gegen die Kälte, überwiegend bei Säuglingen oder Anorexie-Patienten/innen vorzufinden
Makronährstoffe[69]	Dabei handelt es sich um die drei großen Hauptnahrungsbestandteile Lipide (Fette), Proteine (Eiweiße) und Kohlenhydrate
Mikronährstoffe[70]	Vitamine, Mineralstoffe und Spurenelemente für den Stoffwechsel, diese sind aber keine Energielieferanten
Hashtag[71]	Ein Wort, das mit einem Doppelkreuz versehen ist, um auf Bilder oder Profile in sozialen Netzwerken aufmerksam zu machen

---

[64] vgl. https://www.welt.de/vermischtes/article13936288/Die-Knochen-der-Idealfrau-hart-wie-ein-Messer.html [besucht am 25.10.16]

[65] vgl. Schulte-Martkwort, Michael; Zahn, Sabine: Magersucht, S. 30f.

[66] vgl. ebd. S. 30f.

[67] https://www.gesundheit.gv.at/Portal.Node/ghp/public/content/burnout-was-ist-burnout.html [besucht am 25.10.2016]

[68] vgl. http://www.augsburger-allgemeine.de/wissenschaft/Magersucht-kommt-nicht-nur-von-schlechten-Vorbildern-id34769632.html [besucht am 22.12.16]

[69] vgl. http://www.eufic.org/article/de/artid/ernahrung-2/ [besucht am 10.01.17]

[70] vgl. ebd. [besucht am 10.01.17]

[71] vgl. http://www.twitter-leitfaden.de/fragen/was-bedeutet-hashtag [besucht am 13.01.17]

Thigh Gap[72]	Ein Social-Media Schönheitstrend, bei dem sich die Oberschenkel im Stehen nicht berühren dürfen
Bikini Bridge[73]	Die Hüftknochen stehen dabei im Liegen so weit hervor, dass eine *Bridge*, also eine Brücke, zwischen dem Bikiniunterteil und dem Unterkörper entsteht

---

[72] vgl. https://www.welt.de/vermischtes/article157713223/Dieses-Foto-zeigt-fragwuerdige-Koerpertrends.html [besucht am 13.01.17]
[73] vgl. ebd. [besucht am 31.01.17]

Literaturverzeichnis

Arold, Marliese: Völlig schwerelos. Miriam ist magersüchtig. – Bindlach: Loewe Verlag GmbH [2] 2012

Biermann, Brigitte: Engel haben keinen Hunger. Katrin L. Die Geschichte einer Magersucht. – Weinheim Basel: Beltz & Gelberg 2008

Fehér, Christine: Dann bin ich eben weg. Geschichte einer Magersucht. – München: cbt Verlag Random House GmbH [13] 2005

Frick, Eckhard: Psychosomatische Anthropologie. Ein Lehr- und Arbeitsbuch für Unterricht und Studium. – Stuttgart: W.Kohlhammer GmbH Stuttgart 2009

Höpfner, Anna S.: Das Lächeln der Leere. – München: cbt Verlag Random House GmbH [3] 2014

Jongbloed-Schurig, Ulrike (Hrsg.): Ich esse deine Suppe nicht. Psychoanalyse gestörten Essverhaltens. Ambulante Behandlungen und theoretische Konzepte. – Frankfurt am Main: Brandes & Apsel Verlag GmbH 2006

Klotter, Christoph: Fragmente einer Sprache des Essens. Ein Rundgang durch eine essgestörte Gesellschaft. – Fulda: Springer VS 2015

Pape, Laura: Lebenshungrig. Mein Weg aus der Magersucht. – Berlin: Schwarzkopf & Schwarzkopf [3] 2013

PD Dr. phil. Dipl.-Psych. G. Reich, Dipl.Päd. C. Götz-Kühne, Dipl.-Psych. U. Killius: Esstörungen. Magersucht, Bulimie, Binge Eating. – Stuttgart: Trias Verlag 2004

Remschmidt, Helmut (Hrsg.): Kinder- und Jugendpsychiatrie. Eine praktische Einführung. – Stuttgart: Georg Thieme Verlag [6] 2006

Schulte-Martkwort, Michael; Zahn, Sabine: Magersucht. Effektive Hilfe für Betroffene und Angehörige. – Ostfildern: Patmos Verlag der Schwabenverlag AG 2011

Schuster, Nicole: Wenn Essen Angst macht. Essstörungen – Fakten, Geschichten und Hilfen. – Stuttgart: W. Kohlhammer GmbH 2011

Simchen, Helga: Essstörungen und Persönlichkeit. Magersucht, Bulimie und Übergewicht – Warum Essen und Hungern zur Sucht werden – Stuttgart: W. Kohlhammer GmbH 2010

Zincenko, David; Spiker, Ted: Sexy Sixpack. Flacher und straffer Bauch in sechs Wochen. – München: Goldmann Verlag 2016

Quellen aus dem Internet

https://sophmoet.wordpress.com/2014/02/18/diet-and-the-ideal-2/ [besucht am 02.10.2016]

http://www.stuttgarter-zeitung.de/gallery.kate-moss-wird-40-das-perfekte-anti-model-param~3~2~0~18~false.d2c96452-5bf9-4077-95d5-b47e24f7eb54.html [besucht am 07.09.2016]

https://www.palverlag.de/Psychosomatik.html [besucht am 12.10.2016]

https://www.gesundheit.gv.at/Portal.Node/ghp/public/content/burnout-was-ist-burnout.html [besucht am 25.10.2016]

http://www.bauch.de/schmerzen-und-krankheiten/unterschied-zwischen-magersucht-und-bulimie [besucht am 25.10.16]

https://www.palverlag.de/Psychosomatik.html [besucht am 12.10.2016]

http://www.lifetimetv.co.uk/biography/biography-twiggy [besucht am 25.10.2016]

https://www.welt.de/vermischtes/article13936288/Die-Knochen-der-Idealfrau-hart-wie-ein-Messer.html [besucht am 25.10.16]

https://lebenshungrig.de/2012/magersucht-uebergewicht-lagerfeld/ [besucht am 03.11.16]

http://www.netzwerk-essstoerungen.ch/d/infos/magersucht/ma_faktoren.htm [besucht am 04.11.16]

http://www.magersucht.com/pb/1/1_1.htm [besucht am 04.12.2016]

http://www.theeuropean.de/thore-barfuss/8966-magersucht-und-essstoerungen-im-21-jahrhundert [besucht am 21.12.16]

http://www.augsburger-allgemeine.de/wissenschaft/Magersucht-kommt-nicht-nur-von-schlechten-Vorbildern-id34769632.html [besucht am 22.12.16]

https://www.unibas.ch/de/Forschung/Uni-Nova/Uni-Nova-116/Uni-Nova-116-Attraktivitaet.html [besucht am 30.12.16]

http://www.trainingsworld.com/ernaehrung/sporternaehrung-sti94848/essstoerungen-bei-sportlerinnen-1273898.html [besucht am 30.12.16]

http://www.anorexie-heute.de/hungern-bis-zum-tod-woran-sterben-magersuechtige/ [besucht am 31.12.16]

http://www.emma.de/artikel/essstoerungen-duenne-machen-264370 [besucht am 01.01.17]

http://www.paediatrie.at/home/Vorsorgemedizin/Ernaehrung/Broschuere_Anorexia_athletica.pdf [besucht am 01.01.17]

http://www.goethe.de/ins/cz/prj/jug/the/kra/de15948470.htm [besucht am 02.01.17]

http://www.schoenheitsmerkmale.de/der-schoene-mann.html [besucht am 02.02.17]

http://lexikon.stangl.eu/9082/latente-esssucht/ [besucht am 05.01.17]

http://arbeitsblaetter.stangl-taller.at/SUCHT/Essstoerungen.shtml#Orthorexia%20nervosa [besucht am 05.01.17] http://symptomat.de/Muskeldysmorphie [besucht am 06.01.17]

https://sportfitness.ch/index.php?ngq=content/supplemente/wassindsupplements/ [besucht am 08.01.17]

http://www.gesund.at/a/vegetarisch [besucht am 08.01.17]

https://lebenshungrig.de/2013/die-diaet-als-einstiegsdroge-in-bulimie-magersucht-und-binge-eating/ [besucht am 09.01.17]

https://lebenshungrig.de/2012/von-der-anorexie-zur-bulimie-therapie/ [besucht am 10.01.17]

http://www.eufic.org/article/de/artid/ernahrung-2/ [besucht am 10.01.17]

http://www.bbc.com/news/world-europe-12091475 [besucht am 12.01.17]

http://derstandard.at/3047339/Starfotograf-Oliviero-Toscani-mit-Schock-Kampagne-gegen-Anorexie [besucht am 12.01.17]

https://www.welt.de/vermischtes/article157713223/Dieses-Foto-zeigt-fragwuerdige-Koerpertrends.html [besucht am 13.01.17]

http://www.twitter-leitfaden.de/fragen/was-bedeutet-hashtag [besucht am 13.01.17]

http://www.spiegel.de/gesundheit/ernaehrung/uebergewicht-der-body-mass-index-bmi-ist-umstritten-a-1001276.html [besucht am 13.01.17]

https://www.tumblr.com/psa/search/pro%20ana [besucht am 13.01.17]

https://de.statista.com/statistik/daten/studie/243144/umfrage/geschlechterverteilun g-bei-patienten-von-schoenheitsoperationen-in-deutschland/ [besucht am 24.01.17]

http://www.ksta.de/panorama/-sote-magersucht-im-sozialen-netwerk-recovery-23573506-seite2 [besucht am 29.01.17]

http://www.magersucht.de/krankheit/medien.php [besucht am 16.02.17]

http://elearn.hawk-hhg.de/projekte/medienidentitaet/pages/diskurs/kF6rper-in-medien/kF6rper-kult-medien/medien-als-ursache-von-essstF6rungen.php [besucht am 19.02.17]

Abbildungsverzeichnis

Abbildung 1 - Die junge Kate Moss

https://sophmoet.wordpress.com/2014/02/18/diet-and-the-ideal-2/ [besucht am
03.09.16]

Abbildung 2 - Lesley Hornby in den 60ern

http://www.fanpop.com/clubs/the-60s/images/7053212/title/twiggy-model-photo
[besucht am 25.10.16]

Abbildung 3 - No Anorexia Kampagne

http://1.bp.blogspot.com/_UMGNp-
WMibc/TR14Fq0p14I/AAAAAAAAAYU/qlf5onJiyPE/s1600/anorexia-isabellecaro-
640_620x350.jpg [besucht am 12.01.17]

Abbildung 4 - Läuferin Hitomi Niiya: weniger Gewicht – bessere Ergebnisse

http://www4.pictures.zimbio.com/gi/Hitomi+Niiya+14th+IAAF+World+Athletics+Cham
pionships+7OuH-gmAnw2l.jpg [besucht am 16.02.17]

Abbildung 5 - "Thinspiration vs. Fitspiration"

http://weekendninja.tumblr.com/post/56451107805/couples-who-work-out-together-
stay-together [besucht am 04.11.16]

Abbildung 6 - Celia Learmonth

https://www.instagram.com/p/BBIczK6SgVH/?taken-by=iamcelialearmonth [besucht
am 12.01.17]

Abbildung 7 - Instagrambild zu "ED-Recovery"

https://www.instagram.com/p/BMJuRpRDEC9/?taken-by=amalielee&hl=de [besucht
am 29.01.17]

Abbildung 8 - Pro-Ana Inspiration

https://perpetualslumber.files.wordpress.com/2012/04/ribs.jpg?w=500 [besucht am
17.01.17]

Abbildung 9 - Magersüchtiger Mann

http://www.west-info.eu/files/1303651628_anorexia_by_nikkothenerd-d3eqx92.jpg
[besucht am 04.11.16]